AF554720

CONSTRUCTION

D'UN

MARCHÉ COUVERT

À TROYES

TROYES

IMPRIMERIE & LITHOG. DUFOUR-BOUQUOT
Rue Notre-Dame, 41 et 43

1866

CONSTRUCTION

D'UN

MARCHÉ COUVERT

A TROYES

Un établissement de la plus haute importance manque encore à la ville de Troyes.

C'est un marché couvert.

Tout le monde est d'accord sur ce point.

Pourquoi n'avons-nous pas encore un marché couvert ?

Est-ce la faute de l'administration ? Non ; car depuis plus de vingt ans, toutes les administrations municipales qui se sont succédé ont pensé à remplir cette lacune.

Ce qui a entravé, arrêté jusqu'à présent l'administration, c'est le choix d'un emplacement.

Restée jusqu'à ces derniers temps, en dehors du grand mouvement de rénovation, d'assainissement et d'améliorations, qui s'opère à notre époque dans toutes les villes de quelque importance, Troyes cherchait. pour son marché couvert, un emplacement *disponible* et n'en trouvait pas de convenable ; aussi, quand les bâtiments de l'ancien collége Pithou furent abandonnés pour le nouveau lycée, l'administration les fit disparaître pour créer une place au marché couvert, heureuse de pouvoir mettre enfin à exécution un projet depuis si longtemps préparé et désiré.

Des études furent faites, le Conseil municipal vota en principe la construction du marché, sur cet emplacement *libre ;* un traité fut passé par l'autorité municipale avec des concessionnaires, mais le Conseil d'alors ne crut pas devoir sanctionner ce traité.

Disons de suite que cela fut heureux, malgré le retard que ce refus venait apporter à la réalisation si longtemps attendue du projet de marché.

La ville de Troyes a attendu pendant plus de trente ans la construction de sa halle aux blés ; et, chacun conviendra, qu'il eut été préférable d'attendre quelques années encore pour trouver un emplacement plus heureux que celui que cette halle occupe.

Après avoir lu ce qui suit, on admettra sans peine cette probabilité : que dans peu d'années, on regretterait de voir le marché couvert sur la place de l'ancien collége, comme on regrette aujourd'hui de voir la halle aux blés au bout de la rue Notre-Dame, rue principale transformée en impasse.

La raison du choix des deux emplacements de la halle aux blés et du marché couvert, est le même :

Les terrains étaient vides!

On en pourrait encore dire autant de la halle aux tissus, dont l'emplacement n'a guère été plus heureusement choisi que celui de la halle aux blés.

Mais la place était libre !

Il n'y avait aucune propriété à acheter, à exproprier.

L'Expropriation ! l'achat et la démolition de propriétés bâties ! voilà le grand fantôme qui, jusqu'à ces derniers temps, a fait, à Troyes plus qu'ailleurs, ajourner ou avorter grand nombre de beaux et utiles projets.

Un nouveau projet de marché, à l'étude depuis deux ans, est présenté à l'administration municipale.

On a envisagé la question de l'emplacement du marché sous toutes ses faces :

Appropriation à sa destination ;

Salubrité ;

Commodité ;

Respect des droits acquis ;

Répartition équitable des dépenses municipales entre tous les quartiers ;

Harmonie des constructions urbaines faites et à faire.

Le nouveau projet devait nécessairement rencontrer des adversaires. Loin de s'en plaindre, on doit s'en féliciter, puisque cela fournit l'occasion de répondre à toutes les objections soulevées contre ce projet.

De ces objections, les principales sont celles-ci :

1° Augmentation considérable des dépenses ;

2° L'emplacement choisi n'est pas au centre de la population ;

3° Les caves seront impossibles en cet endroit ;

4° Les abords du marché seront moins faciles.

Nous pensons qu'il sera fait justice de ce que nous n'hésitons pas à appeler des *erreurs*, dans le parallèle qui suit des projets de marché : le premier, sur la place du collége ; le second sur l'espace compris entre les rues Saint-Vincent-de-Paul et de la Grande-Tannerie.

I

Pour apprécier impartialement celui des deux emplacements qui doit être préféré, nous désirons tout d'abord qu'on écarte un moment de la discussion une question sur laquelle nous reviendrons, celle des dépenses, et qu'on suppose qu'il existe entre les rues Grande-Tannerie et Saint-Vincent-de-Paul un emplacement vide de constructions, appartenant à la ville et susceptible de recevoir le marché couvert.

Cette hypothèse posée, il faut rechercher quels sont les avantages de chaque projet.

Les considérations qui vont être successivement exposées sont au nombre de six, savoir :

1° Centre topographique ;
2° Centre de population ;
3° Facilités d'accès et de circulation ;
4° Présence d'un cours d'eau sur l'un des emplacements ;
5° Impulsion donnée aux travaux de construction dans la ville ;
6° Respect des droits acquis ; justice distributive.

1° Centre Topographique.

Pour faciliter la recherche du centre topographique de la partie de la ville intéressée à l'emplacement du futur marché, il importe de mettre à l'écart toute la partie basse de la ville située au nord-est du canal ; attendu d'une part, qu'elle est à peu de chose près à une distance égale des deux emplacements rivaux, et que d'autre part, il doit lui être donné satisfaction, par la construction d'un marché spécial sur la place Saint-Nizier.

Par le même motif que celui allégué en premier lieu, on peut également laisser de côté la partie de la ville dite : du Quartier-Haut, les Faux-Fossés, Sainte-Savine, etc.

Cette distraction opérée, le centre à déterminer se trouvera placé sur une ligne traversant la ville du nord au sud, en passant par le nouveau lycée et l'emplacement de l'ancienne porte de la Tannerie.

Si on suppose un instant la ville limitée à ses anciens remparts, on trouve que sa largeur totale, mesurée sur la ligne qui vient d'être décrite, est de 660 mètres. Le point central est donc à 330 mètres, de chaque extrémité.

Le centre de l'emplacement de l'ancien lycée est à 80 mètres seulement des anciens remparts au nord de la ville, et à 580 mètres de l'ancienne porte de la Tannerie. Au point de vue topographique, cet emplacement est bien loin d'être central.

Le marché projeté entre les rues Grande-Tannerie et Saint-Vincent-de-Paul est à 360 mètres des anciens remparts nord et à 300 mètres de la porte de la Tannerie; il est donc à 30 mètres près sur le milieu de la dictance séparant les deux points extrêmes.

Topographiquement, l'ancienne commune de Saint-Martin et le faubourg de Preize d'un côté, peuvent faire compensation avec le faubourg Croncels, la chaussée des Blanchisseurs et les Trévois de l'autre.

2° Centre de Population.

Le centre de population correspond-il au centre topographique ?

Au nord du centre topographique, les constructions sont généralement vastes et bien aérées ; les rues y sont larges, et la population de commerçants, d'hommes d'affaires et de rentiers qui habitent cette partie de la ville est largement logée et respire à l'aise.

Au sud du même centre, la population, composée de commerçants, d'industriels et d'artisans, est plus concentrée, plus dense ; les maisons y sont plus accumulées et laissent entre elles moins de terrains non bâtis ; les rues y sont plus étroites.

Il suit de là que, pour la partie intramuros, le centre de population est sensiblement le même que le centre topographique (1).

---

(1) Le relevé *officiel* de la population au sud et au nord de la rue Notre-Dame donne les chiffres suivants :

SUD.		NORD.	
Intra-muros. . .	7550	Intra-muros. . .	6145
Extra-muros . .	3400	Extra-muros . .	4250
Total.	10950	Total.	10395

Excédant de population du sud sur le nord : 555 habitants. Le centre de population est donc au sud de la rue Notre-Dame.

Est-il besoin d'ajouter que la population des quartiers du sud souffrirait davantage que celle du nord de l'éloignement du marché, puisque chez les artisans la femme fait son marché elle-même, tandis que dans la population aisée, c'est l'affaire des domestiques ?

Au double point de vue des centres topographique et de population, l'emplacement qu'il est préférable d'adopter pour le nouveau marché est donc celui de la Tannerie.

3° Facilités d'Accès et de Circulation.

Envisagés sous ce rapport, les deux emplacements paraissent dans des positions à peu près identiques. Dans les deux cas les bâtiments du marché seraient isolés dans tout leur pourtour par des rues d'une largeur suffisante; et, comme accès, l'un des emplacements a la grande artère de la rue Notre-Dame, et l'autre celle de la rue du Bois.

La question de facilité d'accès et de circulation est donc à peu près la même dans les deux projets ; on ne doit pas oublier que, dans le projet nouveau, le marché se trouve en communication directe avec Saint-Martin et tout le nord de la ville, par la nouvelle rue du Lycée, dont le prolongement, si impérieusement indispensable jusqu'à la rue Notre-Dame, ne peut tarder d'être exécuté.

4° Présence d'un Cours d'Eau sur l'un des Emplacements.

Il est sinon indispensable, au moins très utile d'avoir à proximité du marché un cours d'eau pour la poissonnerie, les lavages, l'évacuation des immondices, etc.

L'emplacement de l'ancien Lycée ne saurait réaliser ces avantages que la présence du bras de Seine, dit le Grand-donne à l'autre emplacement.

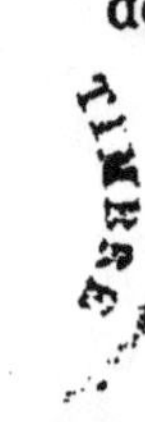

On objecte que les caves sont impossibles sur l'emplacement proposé dans le nouveau projet.

C'est une grave erreur; toutes les maisons de la rue Notre-Dame ont des caves, peu profondes, il est vrai, mais suffisantes et généralement excellentes.

Et d'abord, pourquoi des caves? on en sent si peu le besoin, que dans le projet du marché près de Saint-Remy les caves ne figurent pas.

On ne rentre rien en magasin dans nos marchés; de plus, les caves ne sont pas favorables à la conservation de diverses denrées et notamment de la viande. Qu'on demande l'avis des bouchers et des jardiniers, ils répondront qu'ils n'ont pas besoin de caves.

En voulut-on, deux moyens simples se présentent :

1° Elever l'aire du marché de 30 à 40 centimètres et on pourra avoir des caves d'une profondeur suffisante;

2° En creusant même au dessous du niveau de l'eau, on fera des caves qui, préservées par un aire de ciment romain, seront complètement imperméables, et cela, moyennant 12 fr. environ de dépense par mètre superficiel de caves; dépense insignifiante vu l'importance de l'établissement.

L'objection relative aux caves est donc sans valeur.

5° Impulsion donnée aux Travaux de Construction.

L'essor donné à l'industrie du bâtiment, par la construction du nouveau marché, sera tout différent selon l'adoption de l'un ou de l autre des deux emplacements rivaux.

Si on adoptait l'emplacement de l'ancien Lycée, les travaux à exécuter seraient peu considérables, ils se borneraient à la construction du marché représentée par un chiffre d'environ 400,000 fr.,

Et à l'appropriation de quelques maisons des rues du Bois

et des Bûchettes, situées en face du marché, ce qui pourrait donner lieu à une dépense d'environ 100,000 fr.

Sur les deux autres faces du marché il n'y a rien à compter : d'un côté est l'église Saint-Remy et de l'autre la nouvelle rue du Lycée dont l'établissement aura lieu quoi qu'il advienne.

L'adoption de l'autre emplacement aurait pour conséquence forcée l'exécution, dans un délai de quelques années, des travaux dont l'évaluation peut s'établir ainsi :

400,000 fr. pour la construction du marché.

600,000 fr. pour la transformation complète des maisons situées au pourtour du nouveau marché, sur un développement minimum de 350 à 400 mètres de façade.

150,000 fr. pour travaux nécessités par l'expropriation de trente-cinq maisons, le déplacement et la réinstallation sur un autre point de la ville, des industries qui s'y exercent.

850,000 fr. pour constructions particulières à édifier sur les 6,000 mètres superficiels de terrain formant l'emplacement de l'ancien Lycée, terrain qui par suite de l'adoption de l'emplacement des tanneries devrait être aliéné par la ville.

Soit, 2 millions de francs.

6° Respect des Droits acquis.

Depuis moins de dix ans, la partie nord de la ville a été complètement transformée et embellie par les soins et aux frais de l'administration municipale; Saint-Martin a eu sa part dans les libéralités de l'administration.

Les travaux d'acqueducs couvrant la Vienne, les remblais des anciens fossés, la création de jardins, les constructions du Lycée et de la salle de spectacle, l'ouverture des rues du Lycée et de Grosley, le redressement de la rue des Cinq-Cheminées ;

La réfection des chaussées et trottoirs bordant le mail et les rues du Marché-Rupt, des Cinq-Cheminées, de Preize et des Filles-Dieu, n'ont pas coûté à la ville moins de deux millions.

La Gare du chemin de fer et un Cirque ont été établis dans cette partie de la ville; les Foires y ont été transportées.

Le Quartier-Bas, sans être aussi bien traité que la partie nord de la ville, a cependant eu sa part d'améliorations.

On y a construit le Temple protestant, le Musée et l'Abattoir; de nouvelles rues ont été percées aux abords de ce dernier établissement. La place du Préau a été transformée en square, quatre ponts de voitures ont été construits sur la Seine, l'un rue St-Aventin et les trois autres près de l'abattoir.

Enfin des projets de percement de l'extrémité sud du Cloître-Saint-Etienne et l'établissement de bains et lavoirs publics, sont sur le point d'être sanctionnés et exécutés dans cette partie de la ville.

Dans le même laps de temps, et on pourrait dire depuis un siècle, qu'a-t-on fait pour les quartiers de la partie sud de la ville ? Rien !

Et aujourd'hui qu'un établissement de premier ordre doit être exécuté, pourrait-on sans une injustice criante le placer dans ce même quartier, déjà si favorisé ?

II

FRAIS D'ÉTABLISSEMENT.

Le projet de marché couvert, étudié pour l'emplacement de l'ancien Lycée, serait applicable sans modifications sensibles à l'emplacement proposé entre les rues Saint-Vincent-de-Paul et de la Grande-Tannerie.

Les dépenses d'exécution évalués à 400,000 fr., seraient

donc les mêmes quelque soit l'emplacement adopté. Mais il n'en est pas de même des frais à faire pour préparer chacun des deux emplacements.

Sur la place de l'ancien Lycée, la ville est en possession de l'ensemble des terrains nécessaires pour asseoir les constructions.

Sur l'autre emplacement il faudrait exproprier la totalité des propriétés situées sur cet emplacement, et comme les dépenses d'expropriation varient d'une manière sensible en modifiant légèrement la position du marché, le projet a été étudié dans deux hypothèses.

Dans la première, la rue bordant le marché au nord et située parallèlement à la rue Notre-Dame, laisserait, entre ces deux rues, un îlot de maisons d'une largeur de 30 mètres environ.

Dans la deuxième hypothèse, le marché serait reporté au sud et respecterait l'îlot des maisons comprises entre la rue Notre-Dame et le Grand-Rû.

Pour arriver à l'estimation aussi exacte que possible du chiffre des expropriations, on s'est adressé aux propriétaires et locataires des immeubles pour connaître leurs prétentions. Un assez grand nombre ont consenti et SIGNÉ DES PROMESSES DE VENTES pour *un chiffre déterminé*, d'autres ont fait connaître leurs prétentions sans faire de promesses de vente. Deux experts, un architecte et un entrepreneur, après avoir visité et estimé chaque propriété et entendu les explications des intéressés, ont dressé un tableau des indemnités à payer en basant leurs évaluations sur la valeur vénale des propriétés augmentée de 20 à 25 pour 100.

Ce tableau sera pris pour base des calculs qui vont suivre, et, pour être sûr de ne pas rester au-dessous du chiffre réel des indemnités d'expropriation, on a cru devoir ajouter 10 pour 100 à l'estimation des experts, de telle sorte que les indemnités sont évaluées à un tiers en sus de leur valeur vénale.

Établissement des Dépenses inhérentes à chaque Projet.

PROJET SUR LA PLACE DE L'ANCIEN LYCÉE.

Frais de construction du marché . . 400,000 fr.

Dont il convient de déduire :

1° Prix de vente de l'ensemble des matériaux composant les maisons Toudouze et Léon Boilletot, évaluées. 10,000 fr.

2° Prix de vente de la partie des terrains des maisons Toudouze et Léon Boilletot, restant disponibles sur la nouvelle rue du Lycée après l'établissement du marché, 600 mètres environ à 60 francs l'un, soit 36,000 46,000

Reste pour dépenses effectives . . . 354,000 fr.

PROJET ENTRE LES RUES SAINT-VINCENT-DE-PAUL ET DE LA GRANDE-TANNERIE.

PREMIÈRE HYPOTHÈSE.

Le Marché étant rapproché le plus possible de la rue Notre-Dame.

Frais de construction du marché 400,000 fr.

Expropriations et déplacement d'industries, estimation des experts 561,000 f.

10 p. 0/0 en sus pour parer aux éventualités, soit 56,100 617,100

Total *à reporter*. . . 1,017,100 fr.

Report. . .		1,017,100 fr.
Dont il convient de déduire :		
1° Valeur des matériaux de démolition provenant des maisons expropriées	50,000 f.	
2° Valeur de l'ensemble des terrains et constructions de l'emplacement de l'ancien Lycée et des maisons Toudouze et Léon Boilletot, estimée comme il suit : Emplacement de l'ancien Lycée y compris la rue Maupeigné, 5,420 mètres superficiels à 45 f. l'un, ci	243,900	
Propriétés Toudouze et Léon Boilletot vendues dans leur intégralité, estimées	110,000	
Droits d'octroi extraordinaires à percevoir par la ville et ayant pour cause l'essor imprimé aux travaux de construction par l'adoption du projet : 4 p. 0/0 sur 1,500,000 fr., soit	60,000	
Total à déduire	463,900 f.	463,900
Reste pour dépense effective		553,200 fr.

DEUXIÈME HYPOTHÈSE.

Le Marché étant placé sur la limite et au sud du Grand-Ru.

Frais de construction du marché . .		400,000 fr.
Expropriations et déplacements d'industries :		
Estimation des experts.	455,000 fr.	
10 p^r 100 en sus pour parer aux éventualités, soit.	45,500	500,500
Total *à reporter*. . .		900,500 fr.

Report. . .	900,500 fr.
Dont il convient de déduire :	
Comme dans l'hypothèse précédente. .	463,900
Reste pour dépense effective. . . .	436,600 fr.

Résumé comparatif des Dépenses.

Emplacement de l'ancien Lycée. . .	354,000 fr.
Entre les rues Saint-Vincent-de-Paul et Grande-Tannerie :	
1re hypothèse	553,200
2e hypothèse	436,600

D'où il ressort que le marché placé dans le quartier des Tanneries coûterait en sus du projet sur l'emplacement de l'ancien Lycée, savoir :

Dans la 1re hypothèse.	199,200 fr.
Et dans la 2e hypothèse.	82,600

CONCLUSION.

De la comparaison qui vient d'être faite des projets de marché sur les deux emplacements rivaux, il résulte :

1° Que l'excédant de dépense qu'aurait à supporter la ville, en choisissant l'emplacement ci-proposé ne serait que de 199,200 fr. ou de 82,600 fr. — SOMME QU'UNE SOUSCRIPTION OUVERTE PARMI LES INTÉRESSÉS COUVRIRAIT AISÉMENT.

2° Que les chiffres officiels du dernier recensement prouvent, d'une manière incontestable, que non-seulement cet emplacement occupe le centre topographique de toute la partie de la commune située à l'ouest du canal ; mais que le *centre vrai* de la population est même encore au sud de cet emplacement.

3° Que l'adoption de cet emplacement donnerait à l'industrie du bâtiment un essor considérable.

4° Enfin, qu'en adoptant le quartier de la Tannerie pour l'emplacement du marché couvert, l'administration fera de la justice distributive, respectera des droits acquis et donnera une satisfaction nécessaire, indispensable à tout un vaste quartier jusqu'ici deshérité, négligé, oublié, malgré son active et nombreuse population ; quartier pour lequel on n'a jamais rien fait, même pour l'entretien de ses rues, qui n'a ni promenade ni jardins, ni établissement public d'aucun genre, bien qu'il ait, plus que tout autre, besoin d'embellissement, d'améliorations et surtout d'assainissement.

L'économie, surtout dans des limites aussi restreintes qu'elles le sont ici, doit céder le pas à la justice distributive et à l'intérêt du plus grand nombre.

Pour copie :

BLANCHET-CHAMEROY.

25

www.ingramcontent.com/pod-product-compliance
Lightning Source LLC
LaVergne TN
LVHW010218230826
846091LV00008BB/3563

* 9 7 8 2 0 1 6 1 3 9 4 7 9 *